Recetas de

REPOSTERIA

LOUIS ADAMS

ULTRAMAR

Industria, s/n. - Pol. Industrial Sur
08450 Llinars del Vallés (Barcelona)
Imprime: Gráficas 94, S.L.
Sant Quirze del Vallès
(Barcelona)
Printed in Spain - Impreso en España
Depósito Legal: B.1.092-2003
ISBN: 84-7386-989-3
E-MAIL: iberlibro@iberlibroediciones.com

Introducción

Los ***ingredientes*** básicos de la repostería son el azúcar, la harina, la leche y los huevos. Veamos las particularidades de cada uno de ellos.

• **Azúcar:**

El azúcar es un hidrato de carbono producido a base, principalmente, de la caña dulce, de la remolacha y de otros vegetales. Según su estado de pureza o refinación se distinguen diversas clases; las principales son:

— ***azúcar blanco o de flor:*** el azúcar común, el más refinado, obtenido en polvo muy tamizado;

— ***azúcar semirrefinado:*** el que se produce directamente en las fábricas que elaboran la caña o la remolacha, de color blanco, aunque de menos pureza que el refinado;

— ***azúcar moreno:*** de segunda producción, cuyo color varía desde el amarillo claro al pardo oscuro, según la cantidad de melaza que queda adherida a los cristales.

— ***azúcar de pilón:*** es igual al refinado pero obtenido en panes de forma cónica;

— ***azúcar de lustre:*** es el molido y pasado por un cedazo;

— ***azúcar de cortadillo:*** azúcar refinado, moldeado en aparatos centrífugos y del que se expenden fracciones en pequeños trozos o terrones, de forma regular, embalados en cajas.

Sobre la forma de usar el azúcar en repostería, las más comunes son:

- mezclando el azúcar con los otros ingredientes;
- espolvoreando el azúcar sobre la preparación realizada, por lo cual el más indicado es el azúcar de lustre o glaseado;
- diluyendo el azúcar en un poco de agua y cociéndolo para formar el llamado almíbar, con distintos espesores según la temperatura a que se caliente, llamándose ***a punto de caramelo*** en su grado máximo (entre 150 y 180 °C).

• Harina:

La harina es el polvo que resulta de la molienda del trigo o de otro cereal.

Un elemento importante de la harina es el gluten, substancia albuminoidea que se encuentra en las semillas de ce-

reales; su grado de presencia en la harina determina ciertas variedades de la misma, como se ve a continuación:

- ***harina fuerte:*** la que contiene un alto grado de gluten;
- ***harina normal:*** la que contiene un grado moderado de gluten;
- ***harina floja:*** la que contiene un grado bajo de gluten.

Caso aparte lo constituye la llamada ***harina integral***, que no se cierne y contiene todo el salvado.

Según se trate del producto de repostería a preparar, se usa una u otra variedad de harina, siendo la más común la normal, como es lógico, en tortas, bizcochos, masas de hojaldre. La fuerte, aunque siempre mezclada con la normal, se usa en la confección de bollos, bizcochos y pan de molde. La floja se reserva para elaborar tartas, galletas, pastas,...

La harina integral se ocupa en pan y galletas destinados a personas que necesitan esta variedad para la salud.

Un elemento que va relacionado con la harina es la ***levadura***, masa formada por hongos microscópicos unicelulares capaces de hacer fermentar el cuerpo con que se la mezcla. Esta fermentación resulta necesaria para elaborar las masas de pan, bollos, tortas, etc.

- **Leche:**

En su acepción más común, la leche es el líquido blanco que segregan las mamas de las hembras de los mamíferos. Comúnmente la que se usa en repostería es la leche de vaca y puede ponerse como ingrediente fundamental o reemplazando el agua para ligar y dar sabor al producto.

Lo primero se cumple en la confección de flanes, cremas, natas, budines, natillas, etc. donde se mezcla con azúcar, harina, huevos y condimentos.

Es preferible usar la leche fresca aunque también sirven sus otras formas: en polvo, condensada. Otra distinción es la de leche ***entera*** o ***desnatada;*** esta última, que tiene las mismas cualidades de sabor, tiene la ventaja de que se deslíe más fácilmente y por ello se mezcla perfectamente con la masa.

• **Huevos:**

Son cuerpos redondeados, producidos por las hembras de las aves y otras especies animales, aunque su acepción más común se refiere concretamente a los de gallina, destinados en especial a la alimentación humana.

Los huevos entran en gran parte de las recetas de repostería y pueden hacerlo enteros o separando sus yemas y sus claras. Las ***claras*** se baten a punto de nieve para entrar en preparaciones como los merengues o para adornar otra clase de repostería. Las ***yemas*** o los ***huevos enteros*** entran en la formación de las masas de pasteles, tartas y tortas.

Con todos estos ingredientes y con otros, como la miel, el chocolate, especias, mermeladas, etc. se pueden preparar excelentes recetas de repostería, de las cuales el presente libro ofrece una cuidada selección.

ENSAIMADAS

Ensaimadas

Tiempo: 120 min.
Raciones: 4

Ingredientes
500 gr de harina,
40 gr de levadura,
una pizca de azúcar,
1/2 litro de agua,
100 gr de azúcar en polvo,
2 huevos,
250 gr de manteca de cerdo,
azúcar glaseado.

Se vierte en el hueco de la harina la levadura, sal, azúcar y agua templada, amasándolo bien. Se deja en reposo 20 minutos. Se baten los huevos con un poco de agua, el azúcar en polvo y 100 gr de manteca y se une amalgamando bien con la masa, que se parte en porciones, que se van amasando ligeramente procurando que queden esponjosas. Se aplanan, poniendo en el centro una cucharada de manteca, dejándolas en reposo otros 20 minutos. Después se aplanan las masas y se unen varias veces hasta lograr una masa tersa. Se dobla entonces la masa sobre sí misma, se vuelve a aplanar y se le echa otra cucharada de manteca, renovando todo el proceso. Por fin se aplana y se parte la masa en doce porciones, cada una de unos 20 x 35 cm, y se vuelve a aplanar cada porción, tras rociarlas con una cucharadita de manteca. Cada porción se envuelve en un paño limpio y se voltea varias veces a fin de adelgazarla. Después se le da la forma de la ensaimada, se salpican con agua y se ponen en el horno a 225° C durante 20 minutos. Una vez hechas las ensaimadas se salpican con el azúcar glaseado.

BUÑUELOS DE PATATA

Buñuelos de patata

Tiempo: 135 min.
Raciones: 4

Ingredientes
500 gr de patatas, cocidas con piel,
250 gr de harina,
20 gr de levadura,
50 gr de azúcar,
1/4 de litro de agua,
una yema de huevo,
1 dl de aceite,
manteca de cerdo,
azúcar en polvo.

Se pelan las patatas cocidas y se dejan enfriar. Se vierte en el centro de la harina la levadura, una pizca de azúcar y un poco de agua templada. Se amasa bien, se forma una bola, se tapa y se deja en lugar caliente durante unos 20 minutos. Las patatas se pasan por el pasapurés y se dejan en una bandeja con el resto del azúcar. La yema de huevo se bate, con tenedor, con un poco de agua templada y aceite y se amalgama con el puré de patata; se une a la masa de harina, trabajándola con las manos unos minutos. Se deja en reposo una hora para que aumente. Luego, se fríen los buñuelos en manteca caliente, para lo cual se van cogiendo porciones de masa en la palma de la mano izquierda, practicándoles un agujero en el centro y redondeando la masa. Una vez los buñuelos bien dorados se van depositando en una bandeja y se rocían con el azúcar en polvo.

PASTEL DE QUESO

Pastel de queso

Tiempo: 120 min.
Raciones: 4

Ingredientes
500 gr de queso balear Brossat, con alto contenido de grasa,
200 gr de azúcar,
1 limón, canela,
1 dl de leche,
5 huevos,
aceite,
azúcar en polvo.

Se envuelve el queso en un paño limpio y se deja en reposo toda una noche. Para preparar el pastel se mezclan en un cazo el azúcar, la canela y la corteza del limón rallada, junto con la leche, revolviéndolo bien hasta que el azúcar quede fundido por completo. A continuación se diluye el queso en esta mezcla, revolviendo bien para evitar que se formen grumos. Se baten aparte los huevos y se incorporan a la masa del queso, removiendo una vez más. La masa así formada se dispone en la grasera y se introduce ésta en el horno a 175° C entre una hora y hora y media, para que el pastel quede bien cuajado. Antes de servirlo se rocía con azúcar en polvo.

«PANELLETS» CON PIÑONES

«Panellets» con piñones

Tiempo: 90 min.
Raciones: 4

Ingredientes
500 gr de almendras crudas sin cáscara,
500 gr de azúcar,
1/8 de litro de agua,
5 huevos,
1 gr de cremor tártaro,
250 gr de piñones,
una cucharada de mantequilla,
una pizca de maizena.

Se ponen las almendras en una cacerola con agua hirviendo que las cubra dos o tres minutos. Después se escurren, se pelan, se lavan y se secan con un paño. Se pasan por la ralladora y se echan en un recipiente hondo. Con el azúcar, el agua y el cremor tártaro se prepara un almíbar a punto de bola dura. Se vierte lentamente en la olla con las almendras y se mezcla bien; se agregan a esta mezcla tres huevos sin batir y se sigue removiendo hasta obtener una pasta fina. Se vierte sobre el mármol y cuando se haya enfriado se trabaja con las manos unos 10 minutos. Así queda hecho el mazapán básico. Se forman bolitas, rebozándolas ligeramente con la maizena, se pasan por clara de huevo batida y se fijan los piñones en las bolitas, que se van dejando en una fuente untada con mantequilla. Se pintan con yema de huevo batida y se ponen en el horno, durante 10 minutos, a 175° C, sin que se doren excesivamente.

EMPANADILLAS DULCES Y PASTAS ESTRELLADAS

Empanadillas dulces y pastas estrelladas

Tiempo: 105 min.
Raciones: 4

Ingredientes
1 kg de harina,
125 gr de azúcar en polvo,
1 sobre de azúcar vainillado,
1 dl de zumo de naranja,
3 yemas de huevo,
300 gr de manteca de cerdo,
1 dl de agua,
1 dl de aceite.
Relleno de requesón:
250 gr de requesón,
2 yemas de huevo,
una pizca de canela,
1 limón,
150 gr de azúcar.
Relleno de mermelada:
mermelada de calabaza,
azúcar en polvo.

Empanadillas: 2/3 de la harina se ponen en la tabla de amasar en forma de volcán, en el hueco se vierte el azúcar, el zumo de naranja, las yemas de huevo batidas y un poco de manteca derretida. Se amasa bien y se agrega harina y agua, poco a poco, amasando hasta que tenga consistencia. Se cortan después tiras de unos 80 gr cada una y 3 cm de grosor y se coloca en el centro de cada porción 2 cucharadas del relleno: el de requesón con los ingredientes mezclados, o el de mermelada, y se dobla la tira sobre sí misma y se forma un grueso reborde ondulado con los dedos. Las empanadillas se introducen en el horno a 125° C durante una hora.

Estrellas: con idénticos ingredientes y con el mismo proceso, se forman unas estrellas aplanadas, que se introducen en el horno durante una media hora.

ESQUIFES DE PLÁTANO

Esquifes de plátano

Tiempo: 30 min.
Raciones: 4

Ingredientes
4 plátanos,
el zumo de 1 limón,
1 cucharada sopera de azúcar,
1 cl de licor de plátano,
50 gr de almendras machacadas,
4 mandarinas (a ser posible, sin huesecitos),
150 gr de nata azucarada,
300 gr de helado de vainilla.

Se abre la piel de cada plátano con un cuchillo, y se les saca la pulpa, que se parte a rodajas gruesas. Cada piel de plátano se coloca en un platito de postre, y manteniéndolas bien abiertas y en una forma que recuerde el casco de una barca, se rellenan con las rodajas de pulpa de plátano, los gajos de mandarina, los copos de nata azucarada y el helado de vainilla partido salpicando con azúcar y las almendras machacadas, y regando con el licor de plátano. Estos barquitos resultan muy gratos a la vista y también al paladar.

PERAS HELENA

Peras Helena

Tiempo: 40 min.
Raciones: 4

Ingredientes
4 peras maduras (Williams),
1/4 de litro de vino blanco,
1 cucharada sopera de azúcar,
1 palo de canela,
la corteza de 1 limón,
150 gr de chocolate amargo,
2 cucharadas soperas de coñac,
30 gr de mantequilla,
500 gr de helado de vainilla.
Para la guarnición:
un poco de nata batida o violetas confitadas.

Se pelan las peras, se parten por la mitad y se les quita el corazón. Se mezclan el vino blanco con azúcar, canela y la corteza rallada del limón, se untan con todo esto las peras, empapándolas bien, y se ponen al fuego durante 10 minutos, junto con la mezcla. Mientras tanto, se ralla el chocolate y se mezcla con el coñac y mantequilla, poniéndolo todo al baño maría. Una vez todo listo, se enriquecen las mitades de pera con copitos de helado de vainilla, cubiertos con el chocolate, y se adorna todo con copos de nata o violetas confitadas... o ambas cosas a la vez.

DÁTILES RELLENOS DE MAZAPÁN

Dátiles rellenos de mazapán

Tiempo: 45 min.
Racionés: 4

Ingredientes
30 dátiles frescos,
100 gr de masa de mazapán,
30 gr de azúcar en polvo,
20 gr de nueces machacadas,
2 cl de Grand Marnier,
100 gr de chocolate amargo,
30 gr de mantequilla blanda.

Se quitan los rabitos de los dátiles y también los huesos. Se mezcla la masa de mazapán con el azúcar en polvo, las nueces bien trituradas y el licor, amasándolo todo bien. Luego, se rellena cada dátil con una pizca de esa masa. Se ralla el chocolate y se mezcla con la mantequilla, poniéndolo todo al baño maría. Después, se aparta esto del fuego, y se pasa cada dátil por la pasta de chocolate, dejando que todo se enfríe antes de servir.

Es el dátil un fruto considerado seco, producto de la palmera llamada datilera. Es grande su capacidad alimenticia, y se asegura que las tribus nómadas del desierto africano pueden resistir muchos días con sólo un puñado de dátiles y unos sorbos de leche.

MERENGUE CON FRESONES

Merengue con fresones

Tiempo: 230 min.
Raciones: 4

Ingredientes
Para el merengue:
5 claras de huevo,
200 gr de azúcar en polvo,
30 gr de cacao,
1 cucharadita de almidón en polvo,
750 gr de fresones,
50 gr de azúcar en polvo
2 cl de Curaçao,
1/4 de litro de nata edulcorada.

Los merengues resultan más sabrosos dejándolos toda una noche para que se endurezcan un poco. Se necesitan moldes especiales de unos 8 cm. de diámetro.
Las claras de huevo y el azúcar en polvo se llenan a punto de nieve. El cacao se une al almidón en polvo y se agrega a las claras níveas. Con un inyector de pastelería se inyecta la nieve formando circulitos, justo desde el centro de cada molde, y elevándose en 8 capas concéntricas. Se meten luego al horno, a unos 100° C, por espacio de 3 horas. Se vigila la cocción. Una vez hechos se pasan a un papel de estraza y se dejan enfriar.
Se limpian bien los fresones y se parten por la mitad. Se pasan por el azúcar en polvo y se sumergen en licor de naranja durante 1 hora.
Se parten los merengues, y en la parte inferior se dispone la nata y los fresones, tapándolos a medias con las porciones superiores de los merengues.

FRESONES CON CASACA DE CHOCOLATE

Fresones con casaca de chocolate

Tiempo: 30 min.
Raciones: 4

Ingredientes
750 gr de fresones maduros,
6 cl de angostura,
150 gr de chocolate sèmiamargo,
400 gr de helado de vainilla.

Se limpian los fresones, y de la mitad de ellos se suprimen los rabitos y las hojuelas, dejándolos sumergidos en el licor. Se ralla el chocolate y se pone al baño maría hasta que forme una pasta espesa. Los fresones que tienen aún el rabito, cuando el chocolate está a punto, se revuelven en éste, y cuando se han enfriado se pinchan con un palillo. Acto seguido se forman los copos de helado de vainilla, y éstos, junto con los fresones libres de rabo, partidos por la mitad, se disponen en los platos, entre los fresones con casaca de chocolate. Este postre puede acompañarse con bizcochos.

FRESAS ROMANOV

Fresas Romanov

Tiempo: 60 min.
Raciones: 4

Ingredientes
1 kg de fresas,
el zumo de 1 naranja,
1/8 litro de Curaçao,
4 hojas de cola de pescado (gelatina),
4 yemas de huevo,
150 gr de azúcar,
1 paquete de azúcar vainillado,
1/4 de litro de nata endulzada,
2 cucharaditas de corteza de limón rallada,
1 cucharada sopera de pistachos pelados.

Se limpian un cuarto de las fresas, se escurren y se les quitan los rabitos. Luego, se aplastan bien con el tenedor o se pasan por el pasapurés. Este puré se mezcla con la mitad del Curaçao y el zumo de naranja, dejándolo todo al fresco. Se disuelve la gelatina en agua fría. Se mezclan las yemas de huevo con 100 gr de azúcar y el azúcar vainillado, formando una crema espesa, que se vierte encima del puré de fresas, batiendo bien. Ya blanda la gelatina, se separan las hojas y se añaden a la crema, dejando una vez más que todo se enfríe bien.
Se bate la mitad de la nata, y tan pronto como la crema esté a punto de helarse, se le agrega esa nata y se devuelve al refrigerador. Se limpia el resto de las fresas, y se revuelven en el azúcar restante. El resto de la nata, las fresas y los pistachos helados, sirven para adornar el helado de crema de fresas.

TORTITAS DE FRAMBUESAS

Tortitas de frambuesas

Tiempo: 100 min.
Raciones: 4

Ingredientes
Para las tortitas *(12 con un diámetro de 10 cm, cada una):*
500 gr de harina,
200 gr de mantequilla,
80 gr de azúcar,
1 pizca de sal,
1 huevo,
20 gr de mantequilla para el engrasado.
Para el relleno:
8 huevos,
200 gr de azúcar,
1/2 litro de vino blanco,
zumo de limón,
8 hojas de cola de pescado (gelatina),
4 cucharadas soperas de ron,
500 gr de frambuesas (u otra fruta semejante),
1/8 de litro de nata dulce,
crocante para el adorno.

Se forma una masa con la harina, mantequilla, azúcar, sal y el huevo, y se deja en reposo media hora. Se untan con mantequilla 12 moldes de tarta, y se tapizan con miga de panecillos. Acto seguido, se divide la masa en montoncitos, y éstos se aplastan con el tenedor. Se rellenan con esta masa los moldes y se introducen en el horno, a 180 °C, durante 20-25 minutos, cuando ya estarán bien cocidas las masas, habiendo adoptado un tono moreno.
Para el relleno se rompen y separan los huevos. Las yemas se revuelven con azúcar, agregándoles el vino y el zumo de limón. Luego, se separan, ablandándolas, las hojas de gelatina, y se disponen bajo cada masa, y todas se meten en el refrigerador. Las claras de huevo se llevan a punto de nieve. La nata se aromatiza con el ron y se une al relleno de las tortitas. Encima de éstas se disponen las frambuesas, con un gran copo de nata y trocitos de crocante.

GROSELLAS CON CREMA DE HUEVO

Sopa de tomate con cebolla

Tiempo: 40 min.
Raciones: 4

Ingredientes
Unos 250 gr de grosellas rojas y blancas,
4 kiwis,
250 gr de moras.
Para la crema de huevo:
2 yemas de huevo,
1 huevo,
50 gr de azúcar,
4 cl de coñac de calidad.
Para el adorno:
barquillos.

Se limpian las grosellas y se raspa un poco la superficie. Se pelan los kiwis y se cortan a rodajas gruesas. Se lavan las moras y se dejan escurrir. Todas las frutas se mezclan y se meten en el refrigerador. Mientras tanto, se confecciona la crema de huevo. Las yemas, el huevo entero (sin cáscara) y el azúcar, se mezclan, formando un punto de nieve, que se recubre con más azúcar todavía. Esta mezcla se pasa por el baño maría, formando como una pasta. Inmediatamente se le agrega el coñac. Se sacan las frutas del frigorífico y se bañan con la crema a punto de nieve. Se sirven los platitos acompañados de barquillos.

FLAN CON CEREZAS

Flan con cerezas

Tiempo: 60 min.
Raciones: 4

Ingredientes
Para la salsa:
500 gr de cerezas ácidas,
1/4 de litro de agua,
125 gr de azúcar,
1 cucharada sopera de polvo de almidón.
Para el flameado:
1 litro de leche,
algo de corteza de limón rallado,
sal,
150 gr de sémola,
1 paquete de azúcar vainillado,
2 huevos.
Para la guarnición:
un poco de nata batida.

Ya sin los rabos ni los huesos, las cerezas se ponen al fuego con agua y azúcar durante 15 minutos. Se deslíe el almidón en un poco de agua fría y se agrega a la compota de cerezas. Luego, se deja enfriar esta salsa.
Se pone al fuego la leche con la corteza rallada de limón y algo de sal. La sémola y el azúcar se mezclan y se dejan esponjar durante 10 minutos, al fuego. Se rompen y separan los huevos. Las yemas se unen a la masa del flan. Las claras se baten y se levantan. Se enjuagan los moldes del flan con agua fría. Luego, se llenan con el flan de sémola y se dejan en el frigorífico. Tras un buen rato se sacan de nuevo y los flanes se desmoldan, regándolos con la salsa. Los flanes se adornan con nata batida.

PERFECTO DE NARANJA

Perfecto de naranja

Tiempo: 100 min.
Raciones: 4

Ingredientes
4 yemas de huevo,
80 gr de azúcar,
6 naranjas de sangre,
1/2 litro de nata dulce,
1 paquete de azúcar vainillado,
50 gr de almendras peladas y machacadas.
Para la guarnición:
2 naranjas de sangre.

Las yemas de huevo con azúcar y 2 cucharadas soperas de agua, se revuelven bien, formando como una crema. Se pelan y exprimen las naranjas de sangre, debiendo lograr 1/4 de litro de zumo aproximadamente. Este zumo se agrega a la crema antes preparada. Se bate la nata con el azúcar vainillado y se mezcla asimismo a la crema. Finalmente, se incorporan las almendras machacadas. Este Perfecto se introduce en un molde adecuado y se deja en reposo una noche entera. Una hora antes de. servir se introduce el molde en el refrigerador. Después, el Perfecto se desmolda. Se separan los gajos de las restantes naranjas de sangre y con ellos se adorna el Perfecto. Se sirve con bizcochos.

PASCUA RUSA

Pascua rusa

Tiempo: 45 min.
Raciones: 4

Ingredientes
500 gr de requesón,
50 gr de pasas,
100 gr de mantequilla,
125 gr de azúcar,
3 yemas de huevo,
1/4 de l de nata,
50 gr de almendras machacadas,
60 gr de limonada.

El requesón se pasa por el tamiz y se deja sobre un lienzo (o en una ollita) toda la noche. Las pasas se ponen en remojo, se escurren y se parten por la mitad. Se mezcla la mantequilla con el azúcar y las yemas de huevo batidas, y esto se une al requesón, con la nata, las pasas, las almendras machacadas y la limonada (no mucha). Toda esta masa se mete en un molde en forma de maceta, y al cabo de unos minutos se desmolda, debiendo quedar la masa en forma de cono, sobre una bandeja apropiada para ello. Esta Pabcha se deja reposar 24 horas en el refrigerador, adornada con trocitos de almendra.

PUDDING AL CAFÉ SORPRESA

Pudding al café sorpresa

Tiempo: 90 min.
Raciones: 4

Ingredientes
120 gr de azúcar,
150 gr de harina,
1 bolsita de levadura química,
1 pizca de sal,
1 cucharadita de canela,
2 pizcas de clavos de especia molidos,
2 pizcas de pimienta molida de Jamaica,
2 pizcas de nuez moscada rallada,
60 gr de mantequilla fundida,
1/2 taza de leche,
1 bolsita de azúcar vainillado,
75 gr de azúcar de caña,
75 gr de azúcar cristalizado,
40 gr de cacao,
1 taza de café frío, bien cargado.

Se mezclan los 120 gr de azúcar, la harina, la levadura química, la pizca de sal y las especias. Se añade, removiendo, la mantequilla fundida. Se diluye el azúcar vainillado en la leche y se mezcla con los otros ingredientes. Se vierte el pudding en un molde de buñuelos untado con mantequilla. Se mezclan el azúcar de caña y el cristalizado con el cacao y con ello se salpica el pudding, regando también con el café frío. Se cuece al horno precalentado a 200 °C, durante 40-50 minutos. Se sirve caliente. Lo más sorprendente de este Pudding Sorpresa no es sólo su buen sabor, sino el aspecto extraño de la superficie. El azúcar pulverizado y medio fundido por el café, entraña la formación de veteados muy raros, y con un poco de imaginación es posible leer en ello el porvenir.

ARROZ INDIO AL CAFÉ

Arroz indio al café

Tiempo: 50 min.
Raciones: 4

Ingredientes
225 gr de arroz,
1/2 l de leche,
60 gr de azúcar,
1 taza de café fuerte,
1 vasito de ron,
2 yemas de huevo.

Se lava el arroz y se cuece durante 3 minutos en una cazuela grande con agua. Se calienta la leche. Se escurre el arroz y se echa en la leche. Esta se debe cocer a fuego bajo durante unos diez minutos. Se retira la cazuela del fuego y se añade uno a uno, el azúcar, el café, el ron y las yemas de huevo, mezclando bien. Se calienta otros dos minutos sin llevar a ebullición. Se sirve frío con nata Chantilly.
Naturalmente, la India es el país del arroz, y la caña de azúcar es también un producto agrícola de gran importancia.
El café también se cultiva en cantidades importantes en el sudoeste del país.

CREMA DE CHOCOLATE

Crema de chocolate

Tiempo: 60 min.
Raciones: 4

Ingredientes
100 gr de chocolate en polvo,
3 dl de leche,
3 yemas de huevo,
100 gr de azúcar,
40 gr de harina blanca,
1 palito de vainilla.

En una cazuelita se baten las yemas con el azúcar, hasta conseguir una crema homogénea y esponjosa. Después se añade, lentamente, la harina, sin dejar de remover; se agrega el chocolate en polvo, se mezcla bien y el conjunto se vierte sobre la leche, que se habrá hervido aparte, añadiendo finalmente la vainilla. Se pone la crema en un recipiente de cobre y se cuece a fuego muy bajo, mezclando continuamente. Cuando la crema empiece a hervir, se aparta de la lumbre y se sigue removiendo con una espátula de madera. Se devuelve el recipiente al fuego y se deja hervir una segunda vez. Una vez retirada definitivamente del fuego se sigue removiendo con la espátula hasta que se enfríe. Si es preciso, antes de utilizar la crema se pasa por un tamiz o colador. Se sirve fría en copas con bizcochos y nata.

DULCE DE COCO

Dulce de coco

Tiempo: 45 min.
Raciones: 4

Ingredientes
50 gr de azúcar,
60 gr de almidón de cocina,
2 cucharadas de pasas,
1/2 litro de leche,
1 palo de vainilla,
3 huevos,
150 gr de crema de coco (de conserva),
4 cucharadas de vino blanco de calidad,
canela,
mantequilla para untar.

El azúcar, el almidón y las pasas se unen a la leche fría. Se corta a trocitos el palo de vainilla, y se echan a la leche, la cual se cuece en la bandeja del microondas a 600 vatios por espacio de 8 minutos. Hacia el final de la cocción se remueve dos o tres veces. Se separan las claras de las yemas de los huevos, y con la crema de coco, el vino blanco y las yemas se forman unas bolas que se intercalan en la bandeja, salpicando con un poco de canela en polvo, cociéndolo todo durante 15 minutos a 360 vatios. Se sirve caliente.

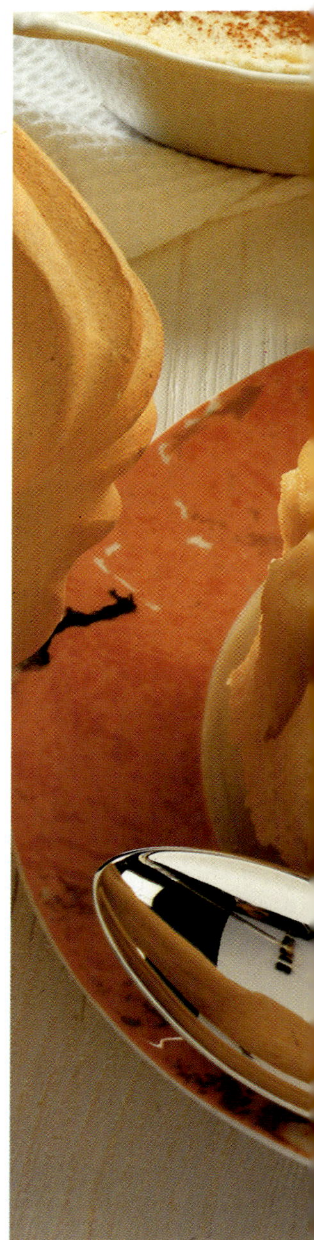

SUFLÉ DE POMELOS

Suflé de pomelos

Tiempo: 45 min.
Raciones: 4

Ingredientes
4 pomelos (sin pepas a ser posible),
3 claras de huevo,
2 cucharadas de azúcar,
3 cucharadas de nueces peladas y partidas,
2 dl de ron blanco.

Se cortan los pomelos, sólo por el casquete superior, y con un cuchillo se quita parte de la pulpa. Las claras de huevo se mezclan con el azúcar y se baten hasta lograr el punto de nieve adecuado. A continuación, se mezclan la pulpa de los pomelos, las nueces y el ron, y con esto se rellenan dichos pomelos. Encima de este relleno se colocan las claras de huevo a punto de nieve, y acto seguido se meten en el horno, a 200 °C, por espacio de unos 20 minutos, con lo que las claras se cuajan por completo.

CIRUELAS CON SÉMOLA

Ciruelas con sémola

Tiempo: 120 min.
Raciones: 4

Ingredientes
750 gr de ciruelas,
1 limón,
100 gr de azúcar,
1/2 paquete de azúcar avainillado,
3 huevos,
500 gr de requesón (20% cremoso),
una taza de sémola,
2 cucharaditas de polvo de hornear, levadura,
60 g de almidón de cocina,
20 gr de mantequilla,
2 cucharadas de galleta picada,
copos de mantequilla.

Se lavan y se pelan las ciruelas. Se exprime el limón. El zumo, junto con 20 gr de azúcar y el azúcar avainillado, se revuelve bien y se vierte encima de las ciruelas, dejándolas en reposo durante 30 minutos. Se cascan los huevos y se separan las yemas de las claras. El requesón se mezcla con las yemas, la sémola, la levadura, el almidón en polvo y el resto del azúcar y se revuelve bien. Las claras se montan a punto de nieve y se mezclan con la anterior masa. La mitad de ésta se introduce en un molde, y dos terceras partes de las ciruelas se encajan en la masa. Luego, se mezclan el resto del requesón, de las ciruelas y de la galleta picada, con los copos de mantequilla, y todo se mete al horno, a 180 °C, durante 60-70 minutos. Una vez cocido, se une a la masa anterior y se sirve.

BAGATELA CON MELOCOTONES

Bagatela con melocotones

Tiempo: 15 min.
Raciones: 4

Ingredientes
250 gr de galleta picada,
50 gr de crocante,
3 cucharadas de vino de calidad,
1/4 de l de jerez o zumo de frutas,
300 gr de melocotones partidos (pueden ser de conserva),
1/2 l de nata dulce,
una o dos cucharadas de azúcar,
una cucharada de azúcar avainillado.

La galleta picada se esparce en una bandeja, junto con el crocante también picado, guardando dos cucharadas del mismo para la guarnición. Esto se baña con el vino y el jerez o con el zumo de frutas. Los melocotones ya partidos se disponen en la bandeja. La nata se mezcla con el azúcar y el azúcar avainillado, y con la manga de pastelero se forman copos por entre los pedazos de melocotón. Finalmente, se adorna todo con el crocante desmigado.

CANAPÉS CANADIENSES

Canapés canadienses

Tiempo: 90 min.
Raciones: 4

Ingredientes
80 gr de mantequilla,
250 gr de queso Cheddar,
150 gr de harina,
1/2 cucharadita de paprika dulce,
1/4 cucharadita de mostaza en polvo,
una pizca de pimienta de cayena,
un poco de leche batida,
semillas de adormidera para salpicar,
un poco de manteca.

La mantequilla se revuelve con el queso desmenuzado, y los demás condimentos y la harina también se amasan con la mantequilla y el queso, hasta obtener una masa homogénea. Con porciones de masa se van formando unos discos de unos 3 cm. de diámetro, y se colocan durante 1 hora en el refrigerador. Esos discos deben tener aproximadamente unos 5 mm de grosor. A continuación, se sacan del refrigerador y se disponen sobre una placa de horno, regados con leche y un salpicado de semillas de adormidera, y se meten al horno 8-10 minutos, a 180-190 °C. Se sirven calientes.

PASTEL DE QUESO ORIENTAL

Pastel de queso oriental

Tiempo: 60 min.
Raciones: 4

Ingredientes
1 paquete de hojaldres.
Para el relleno:
500 gr de queso Feta,
3 huevos,
2 yogurts,
sal,
pimienta negra.
Guarnición:
50 gr de queso Parmesano,
1 huevo.

El hojaldre se descongela, se desenrolla y se coloca en dos bandejas algo gruesas, o bien en un molde muy hondo y de bordes finos. Se pone primero una capa de hojaldre, y después se recubren los bordes. Una vez completamente tapizado el molde con las hojas de hojaldre, se coloca dentro el queso Feta, con los huevos batidos y el yogurt, mezclando bien, y sazonando con sal y pimienta.
Con estos ingredientes, debidamente repartidos, se componen varias capas, y encima se salpica con el Parmesano rallado, y el huevo batido. Este pastel se mete al horno durante unos 35 minutos, a 240 °C. Una vez bien cocido, se sirve con ensalada de col y hierbas olorosas.

COPAS DE QUESO FRESCO

Copas de queso fresco

Tiempo: 90 min.
Raciones: 4

Ingredientes
250 gr de queso fresco y blando,
50 gr de mayonesa,
3 cucharadas de nata agria,
sal,
pimienta blanca,
2 cucharaditas de paprika rosada,
2 cucharaditas de curry en polvo,
1 cucharada de perejil trinchado,
eneldo,
cebollinos y berros.

El queso se pasa por el tamiz, uniéndolo con la mayonesa y la nata, sazonando con sal y pimienta, y revolviendo todo bien. Se hacen las porciones, cada una de las cuales se sazonan asimismo con la paprika y el curry en polvo, incorporando el perejil, el eneldo, los berros y los cebollinos, todo bien picado, y mezclándolo bien con el queso en crema. Cada porción se mete en las copas, dejándolas en el refrigerador durante una hora. Luego, se sirve con acompañamiento de galletitas saladas, patatas fritas, etc.

CREMA DE PULPA DE COCO

Crema de pulpa de coco

Tiempo: 60 min.
Raciones: 4

Ingredientes
2 cocos,
80 gr de fécula,
8 dl de leche,
4 huevos,
3 cucharadas soperas de café molido,
2 paquetitos de azúcar avainillado,
4 cucharadas soperas de azúcar,
1/8 de litro de nata,
1 cucharadita de canela.

Se parten los cocos por la mitad y se hace una incisión en la pulpa a 1/2 cm. del borde, retirándola. Se vacía el resto de leche de coco. Se pica finamente la pulpa o se pasa por la batidora. Se deslíe la fécula con 2 cucharadas soperas de leche y las yemas de huevo. Se hierve el resto de la leche, se le añade el café y se incorpora la fécula, hirviéndola una vez más. Se baten las claras de huevo al punto de nieve firme, se añade el azúcar vainillado, el azúcar y la pulpa de coco picada, y se incorpora todo esto al preparado anterior. Se deja enfriar la masa obtenida, y con ella se rellenan las mitades de las cáscaras de coco, decorando con crema chantilly, y espolvoreando con canela.

ÍNDICE

EQUIVALENCIAS LATINOAMERICANAS

Aceituna: oliva.
Aguacate: palta, avocado.
Ajo: chalote.
Albaricoque: damasco, chabacano.
Albóndiga: bodoque.
Alcachofa: alcací, alcuacil.
Alcaparra: cápara, tapara.
Alubia: habichuela.
Apio: arracacha, celeri.
Azafrán: bijol, brin.
Bacalao: abadejo.
Berros: balsamita.
Boniato: camote.
Cacahuete: maní.
Calabaza: auyuma, zapallo.
Calabacín: zapallito, zapallito italiano, zambo.
Callos: guatita, menudo, mondongo, pancita, vientre.
Canapé: pasabocas, pasapalos.
Carne de vacuno: res.
Cerdo: chancho, puerco.
Cochinillo: lechón.
Col: repollo, berza.
Coliflor: brécol.
Coriandro: cilantro.
Champiñón: seta.
Chocolate: cacao.
Chuleta: coteleta.
Empanada: llancha.
Endivia: escarola.
Fécula de maíz: maicena.
Fécula de patata: chuño.
Fresa: frutilla.
Garbanzo: mulato.
Gelatina: granetina.
Guindilla: chile, ají.
Guisante: arveja, chícharo.
Hervir: salcochar.
Jamón: pernil.
Judía blanca: poroto, frijol, faba.
Judía verde: chaucha, ejote, bajoca, poroto verde, vaina.
Limón: citrón.
Maíz: choclo, abatí, elote, cenancles.
Manteca: grasa.
Mantequilla: manteca.
Manzana: pero, perón.
Mejillón: chorito, choro.
Melocotón: durazno.
Menta: hierbabuena.
Nabo: cayocho.
Nata: crema batida, chantilly.
Nata líquida: crema de leche.
Patata: papa.
Pato: parro.
Pavo: guajolote, chuchimpe, chumpipe, mulito.
Pimentón: chile en polvo.
Pimiento: chile, ají, conguito, chilchote.
Pimiento verde: gualpe, poblano.
Piña: ananás.
Plátano: banana, cambur.
Posta: carne seca, cecina, tasajo, charqui.
Puerro: poro, porro, porrón.
Puré de patata: moloc, naco.
Remolacha: betabel, beterraga.
Requesón: ricota, queso blanco.
Sofreír: saltar.
Solomillo: lomo, lomito.
Tocino: murceo, panceta.
Tomate: jitomate.
Uva pasa: pasa de uva.